LETTRE DU P. C.

DOCTEUR EN THEOLOGIE

A MADEMOISELLE.....

SUR L'ORAISON FUNEBRE

Madame Ticquet.

Lettre du P. C. Docteur en Theologie. à Mademoiselle.... sur l'Oraison Funebre de Madame T....

J'AI reçû l'Oraison funebre que vous m'avez envoyée Mademoiselle, & je vous avoüe qu'aprés l'avoir lûë mon esprit a été surpris & mon cœur tout à la fois blessé des Eloges que vous m'apprenez que l'on donne avec tant de profusion à ce méchant discours ; le blâme & la loüange de Mademoiselle T..... y sont répanduës tour à tour d'une maniere outrée ; tantost elle a poussé ces infamies & ces desordres au delà de toutes nos imaginations, & ramassé en elle seule toutes les ordures des siecles passez ; tantost pour quelques marques de penitence qu'elle a donné à la mort & quelque fermeté qu'elle y a témoigné, c'est une femme fort digne de l'admiration des siecles à venir ; on y loüe souvent la criminelle d'une maniere a faire rejaillir la loüange sur le crime, il y a de la grandeur à le commettre, de la fermeté à en soûtenir la vûë ; aller de débauche en débauche, & de passion en passion, dans le dereglement d'une conduite monstrueuse, c'est marquer par là mieux que par tout autre chose la bonté de son cœur & l'élevation de son esprit; au milieu des débauches les plus outrées conserver du goût pour le merite, & une tendre & violente passion pour un homme qui

B

en a , c'est une marque assurée que les desordres ne viennent ni de son esprit ni de son cœur; enfin qui pourroit supporter cette proposition dans le partage du discours , que la mort de cette criminelle montre ce que le Chrétien doit attendre de la grace de Jesus-Christ , & plusieurs autres semblables , qui ne sont propres qu'à diminuer l'horreur qu'on doit avoir des grands crimes , & même à y porter , faisant voir d'un côté qu'ils marquent de la grandeur & de l'élevation dans ceux qui les commettent, & de l'autre qu'ils sont aisément pardonnez de Dieu, & loüez abondamment des hommes aprés qu'ils sont commis. Comme Dieu a permis le triste & tragique évenement du suplice de cette criminelle , afin qu'il servit d'instruction à tant de pecheurs , & sur tout de pecheresses, qui sans crainte des Jugemens de Dieu s'abandonnent à des vies molles & voluptueuses , qui les portent souvent à d'autres crimes , & qui les conduisent quoi qu'agreablement à leur perte. Ce sujet merite bien à la verité ; non pas une Oraison Funebre , mais un discours plein de bonnes & sages réflections : c'est aussi ce qui m'a inspiré le dessein de mettre la main à la plume pour en composer un , persuadé qu'il pourroit être utile, & remedier au mal que l'autre est capable de causer. Je vous l'envoye ce discours , Mademoiselle , les paroles y sont moins fleuries , mais les pensées y seront asseurément plus justes & les sentimens plus Chrétiens. Je suis avec respect vôtre tres-humble Serviteur.

DISCOURS MORAL ET
Chrétien, sur la Vie & la Mort de Madame T........

Noli altum sapere, sed time. Prenez garde de ne vous point élever; mais tenez-vous dans la crainte. S. Paul aux Romains, ch. 11.

C'EST au sujet d'un des plus grands & des plus tristes évenemens qui se soient jamais vûs dans le monde, & où Dieu a fait paroître avec plus d'éclat la severité & les châtimens de sa Justice d'un côté, & de l'autre la douceur & l'abondance de ses misericordes, que S. Paul a dit ces paroles; *Noli altum sapere, sed time.* C'est au sujet de la chûte & de la perte du Peuple Juif, de la vocation & du salut du Peuple Gentil; & c'est parce que celui ci au lieu de profiter de l'exemple du châtiment de celui-là, en se tenant dans l'humilité & dans la crainte, en tiroit vanité au contraire & s'en enfloit d'orgueil, que ce grand Apôtre a élevé sa voix pour lui representer avec tant de force cét exemple de la severité de Dieu qui devoit lui faire craindre un pareil traitement, *Noli altum sapere, sed time.* Un évenement bien moins considerable à la verité; mais toûjours bien triste & bien funeste, a frapé nos yeux depuis peu, & a saisi nos cœurs: la Providence divine l'a permis pour arrêter le cours des cri-

4

mes, où la vie molle & voluptueuſe plonge
aujourd'hui tant de pecheurs & de pechereſſes
dans le monde. C'eſt le ſupplice public de
M. C. cette criminelle fameuſe, bien moins
encore par ſa beauté, ſon eſprit & ſon rang,
que par les deſordres de ſa vie. Tirons donc
de cet exemple tragique des inſtructions ſalutai-
res pour la conduite de nôtre vie ; prenons garde
de ne nous point élever, mais tenons-nous dans
la crainte ; que ſa mort nous faſſe craindre auſſi
bien que ſa vie, *Noli altum ſapere, ſed time* ;
c'eſt ce que j'ai deſſein de faire dans ce diſcours,
où je prétens faire voir que la vie déreglée de
M. C. doit nous faire apprehender que les jugemens & les châtimens de Dieu n'éclatent ſur
nous dés ce monde, & que ſa mort n'a rien qui
nous empêche de craindre, & qui puiſſe nous
raſſûrer contre les Jugemens & les ſuplices de
l'autre. Seigneur, dont les Jugemens ſont
tout à la fois & ſi profonds & ſi terribles,
penetrez non ſeulement nos cœurs de vôtre
crainte ; mais percez-en auſſi en même temps
toutes nos chairs ; c'eſt la demande que vous
faiſoit autrefois le Roy Prophete, c'eſt celle
que je vous fais pour tous ces pecheurs & ces pechereſſes qui vous offenſent tant aujourd'hui
dans le monde, & qui vous craignent ſi peu.
Exaucez-moi, Seigneur, & que cette crainte ſi
ſalutaire ſoit le fruit dont vous benirez ce
diſcours.

POUR éviter le malheur dont le Prophete
Iſaïe menace ceux qui diſent que le mal eſt le
bien, qui donnent aux tenebres le nom de lu-

Pſeaume XI.

I. POINT.

mieres ; & qui font paffer pour doux ce qui eft
amer , & pour vous parler en Chrétien de nôtre
criminelle , je me donnerai bien de garde d'honorer fes vices du nom de vertus , d'apeler *dex-*
terité l'art qu'elle avoit de s'infinuer dans les
cœurs pour les feduire & corrompre ; *fermeté*,
la dureté de fon cœur qui a nourri fi long-temps
un crime affreux ; *élevation d'ame* , fa baffeffe,
fon infamie & fa corruption ; d'attribuer à fon
temperament , & non à fon efprit aveuglé & à
fon cœur corrompu , la multitude & l'atrocité
de fes crimes ; de la faire errer enfin *avec gran-*
deur dans les voyes de l'iniquité.

Je veux bien reconnoître que M. C. eft née
avec de la beauté , de bonnes qualitez dans le
cœur & de vives lumieres dans l'efprit ; mais
aprés avoir abufé de ces chofes , qui ne meritent
pas par elles-mêmes ce nom de *grandeur* qu'on
leur donne , je foûtiens qu'il n'y a plus rien en
elle que de bas , d'humiliant & de honteux,
Dieu exerçant déja par là fon Jugement fur elle,
& n'attendant point à fa mort pour la punir,
mais puniffant déja fa vie déreglée par les déreglemens même de fa vie ; car parce qu'elle a été
idolâtre de fa beauté , Dieu a puni cette idolâtrie
par l'affujettiffément aux plus honteufes paffions;
parce qu'elle a abufé des bonnes qualitez de fon
cœur, Dieu a exercé fon Jugement fur elle , per-
mettant à ce cœur de concevoir & de nourrir
long-tems un crime noir & affreux ; enfin parce
qu'elle a perverti les lumieres de fon efprit ,
Dieu a puni cette dépravation par les aveuglemens & les tenebres qu'il a répanduës fur elle

& fur fes paffions : combien helas de pecheurs &
de pechereffes dans le monde la fuivent dans les
voyes de fon iniquité; combien par confequent
doivent ap-rehender que Dieu n'exerce fur eux
la feverité de ces mêmes Jugemens, prenons-
donc bien garde de ne nous point élever ; mais
tenons nous dans la crainte *Noli alium fapere,
fed time.*

Pour vous parler d'abord de l'abus ou plûtoft
de l'idolâtrie de fa beauté, il ne feroit ni utile
ni digne d'un difcours chrétien de vous la re-
prefenter dans *une jeuneffe brillante* ; vous
dire que *fous fes pas alors naiffoient les plai-
firs, que les cœurs voloient à fa fuite* ; encore
moins de la trouver *heureufe dans cet état* ; c'eft
là le pur langage de la vanité, & celui du monde corrompu : *Beatum dixerunt, populum cui
hæc funt, quorum os loquutum eft vanitatem,*
dit le Prophete. Il faut la plaindre dans cet
état trembler pour elle, & trembler de ce
qu'elle ne trembloit pas elle-même ; car lorfque
tant de cœurs voloient à fa fuite, attirez par
fes charmes & par l'éclat de fa beauté, le
moyen qu'elle gardaft bien le fien ; & c'étoit
cependant de la garde de ce cœur que dépen-
doit fa vie, non feulement cette vie naturelle
du corps qu'elle a perduë par le dernier fuplice,
mais fur tout cette vie furnaturelle de la grace,
que fon ame ne devoit jamais perdre : *Apliquez-
vous à la garde de vôtre cœur,* dit le Sage dans les
Proverbes, *parce qu'il eft la fource de la vie,* ô
beauté du corps que tu es dangereufe pour le
cœur, ô pas trompeur que tu as fouvent de mal-

heureuſes ſuites, C'eſt la premiere origine des malheurs de nôtre criminelle , idolâtre d'elle-même & de ſa beauté avant que de l'être du monde , ſon ame rompant avec Dieu , ſe tourne toute entiere vers ſon corps , il eſt ſon ſouverain plaiſir , elle le cherit , elle le parfume , elle l'encenſe , elle l'adore , & lui ſacrifie tout juſqu'à ſa conſcience , juſqu'à Dieu même : Mais ce n'eſt point ſon corps qu'eſt coupable du crime de cette idolâtrie , c'eſt ſon eſprit , c'eſt ſon cœur ; loin d'ici toutes ces maximes corrompuës qu'une infame , & nouvelle erreur a voulu introduire.

Le corps de ſoi , dit S. Chryſoſtome , n'eſt ni bon ni mauvais , il eſt comme dans le milieu, entre le bien & le mal , la vertu & le vice ; l'ame peut le faire ſervir à l'un ou à l'autre , tantoſt il ſert d'armes à la juſtice , & tantoſt à l'iniquité. C'eſt une épée , dit ce Pere , qui peut ſervir également , ou au courage d'un brave ſoldat , ou au deſſein cruel d'un aſſaſſin , la ſource des deſordres & de la corruption de M. C. étoit donc dans ſon ame , & non pas dans ſon corps ; c'eſt auſſi ſur ſon ame , que Dieu ſe venge de ces déreglemens , puniſſant ſon orgüeil par l'aſſujetiſſement aux plus baſſes & plus honteuſes paſſions , je ne vous en ferai point ici de portrait , les couleurs en ſeroient trop noires , & il n'eſt pas bon de s'arrêter trop long-tems ſur des choſes que l'Apôtre ſaint Paul nous deffend même de nommer , *Ie ne vous la repreſenterai point allant dans une conduite monſtreuſe* , de paſſion en paſſion , & de débauche en débauche , & ſur tout je me donnerai bien de garde de vous dire que c'eſt par là qu'*elle a marqué*

B iv

mieux que par tout autre chose, la bonté de son cœur & l'élevation de son esprit. Les Saints n'ont pas tenu ce langage, & ont été bien éloignez d'avoir de pareils sentimens; ils ont consideré une ame dans cét état comme une ame toute de boüe, qui n'aime que les sales plaisirs; ils l'ont comparée à ces vers qui sortent d'une terre pour rentrer aussi-tost dans une autre, & de cette autre encore dans une autre; s'ils lui ont donné de l'élevation, c'est celle d'une paille élevée par le vent & tournée de tous côtez: car c'est ainsi que l'ame criminelle, abandonnée aux sales voluptez & poussée par le souffle du malin esprit, & agitée çà & là par le mouvement de tous ses desirs déreglez; mais ce n'est pas tout aprés que cette ame a été la proye des passions en ce monde, comme la paille est mangée par les bêtes, elle sera en l'autre la nourriture d'un feu éternel. Jesus-Christ viendra le van à la main, & il nettoïera parfaitement son aire, il amassera son bled dans le grenier, mais il brûlera la paille dans un feu qui ne s'éteindra point. Demeurons ici au Jugement que Dieu a exercé dans ce monde sur les égaremens de cette criminelle qui nous fait parler; aprés avoir puni l'idolatrie qu'elle a fait de sa beauté, par l'assujettissement aux passions honteuses des plaisirs; il a puni l'abus qu'elle a fait des bonnes qualitez de son cœur, par le dessein cruel d'un meurtre affreux qu'elle a nourri long-temps dans ce cœur. Il est ordinaire à Dieu, dit S. Augustin, de venger les iniquitez du pecheur par d'autres iniquitez, *Peccata peccatis vindicat*, dit ce pere; de punir le peché en laissant ajoû-

S. Math. chap. 3.

S. Aug. sur les Pseaumes

ter au pecheur peché fur peché , *Apone iniqui-*
tatem fuper iniquitatem eorum : la parole du Roy
Prophete y eft expreſſe.

Les grands crimes ne ſe commettent jamais que
par degrez , perſonne ne paſſe tout d'un coup de
la vertu au comble du vice, il y a je ne ſçai quoi de
bon dans l'ame qui lui eft comme naturel,& qu'elle ne peut étouffer que peu à peu , & que par un
long enchaînement de déreglemens & de deſordres , aprés cela on entreprend ſans peines les crimes les plus noirs, ils n'ont rien qui effraïe, ni qui
donne de l'horreur ; & alors en ſoûtenir la vûë
pluſieurs années, ce n'eft pas *fermeté* ; ce beau nom
ne peut convenir qu'à la vertu , c'eft un vrai endurciſſement dans le mal qui ſe forme peu à peu
dans le cœur ; chaque peché y frapant ſon coup,
& y détruiſant peu à peu toute la tendreſſe & toute la ſenſibilité que ce cœur avoit pour ſon Dieu :
Ecoutez ceci , Perſonnes mondaines & tremblez,
inftruiſez-vous par l'exemple funeſte de cette criminelle : Aprehendez les mêmes Jugemens de
Dieu, puiſque vous marchez dans les mêmes routes
& ſouvenez-vous qu'une longue ſuite de pechez
mene droit à l'endurciſſement ; l'endurciſſement
aux plus grands crimes, comme ſont l'adultere &
l'homicide,& je ne doute point,diſoit S. Chriſoftô-
me,qu'une femme qui a l'adultere dans ſon cœur,
ne ſoit toute prête à ôter la vie à ſon mari, auſſi-
bien que l'honneur, & qu'elle ne ſoit aſſez hardie
pour commettre , je ne dis pas ſeulement un ou
deux,mais une infinité d'homicides,& on n'en voit
que trop d'exemples.

Celui que nous fournit la criminelle dont nous

parlons en est un bien funeste ; mais pour achever de le rendre propre à nous instruire & à nous donner une salutaire fraïeur, il falloit que Dieu exerçât sur elle un troisiéme Jugement, & que pour la punir encore d'avoir abusé des lumiéres de son esprit, il répandit dans cet état sur elle des tenebres & des aveuglemens : c'est aussi ce qu'il n'a pas manqué de faire à son égard, lui qui (comme dit S. Augustin) a coûtume d'en répandre sur les convoitises : *Illicites spargens pœnales cœcitates super illicitas cupiditates.* Quels plus grands aveuglemens en effet que les siens ? Que sont devenuës toutes les lumieres de son esprit ? Où est cette étenduë de vûë dont on la flattoit, & dont elle s'est flattée elle-même dans ses desordres. Ah ! qu'il est bien vrai que la crainte du Seigneur est le commencement de la sagesse ; mais qu'il est bien vrai aussi de ne le pas craindre est le commencement de la folie ; M. C. ôte Dieu & ses Jugemens de devant ses yeux, & ses voïes sont toutes soüillées : *Non est Deus in conspectu ejus inquinatæ sunt via illius in omni tempore* ; disons en même temps que ces voïes soüillées sont toutes tenebreuses. Quels aveuglemens ! Quels tenebres de prétendre cacher un crime par un autre, son adultere par un meurtre ? Le veritable & l'unique moïen de cacher le peché, c'est de l'expier par une sincere penitence. Cependant comme David dans son aveuglement voulut cacher son adultere avec Bersabée par le meurtre d'Urie ; comme Herode, ou plutost Herodias, voulut cacher son adultere par le meurtre de S. Jean-Baptiste, nôtre criminelle aveugle veut cacher le sien par le meur-

tre de son Epoux. Elle veut aussi cacher le dessein
de ce meurtre. Elle se rend là-dessus impenetra-
ble à tout le monde, elle se le cache, pour ainsi
dire, & se le dissimuler à elle-même ; mais Dieu,
Qui, comme dit l'Ecriture, *surprend les faux Sages* Iob 5.
dans leurs finesses , *& renverse les desseins des mé-*
chans ; découvre les siens, dévelope les ténebres
où elle les avoit envelopées, & peut-être que pour
son salut éternel, que sa misericorde ménage, sa
justice la confond dans le tems, & manifeste tous
ses crimes. Instruisez-vous ici pecheurs & péche-
resses du monde ; aprenez à craindre le Seigneur:
ne vous y trompez pas, on ne se mocque point de
Dieu , l'homme ne recüeillera que ce qu'il aura
semé. Celui qui veut goûter les plaisirs de la chair:
Celui qui veut boire de ces eaux empoisonnées &
delicieuses tout ensemble : Celui qui veut se livrer
& s'abandonner à ses convoitises, recevra les fruits
qu'il merite: Et quels sont ces fruits , le mépris,
l'infamie , la corruption , les ténébres , les aveuglemens, les tourmens, le suplice ? M. C. vous
l'a fait voir dans sa Personne, ne vous élevez-donc
point ; mais tenez-vous dans la crainte , *Noli al-*
tum sapere sed time. Mais pour imprimer plus for-
tement encore cette importante leçon de S. Paul
dans vos esprits & dans vos cœurs ; aprés vous
avoir montré dans la premiere partie de ce discours, que la vie déreglée de M. C. vous doit faire aprehender que les jugemens & les châtimens
de Dieu n'éclattent sur vous dés ce monde ; je
m'en vais vous faire voir dans la seconde , que sa
mort n'a rien qui doive vous empêcher de craindre , & qui puisse vous rassurer contre les Ju-

gehehs & les fuplices de l'autre.

I I.
Point.

La mort qui découvre toûjours le fond de la vanité & du néant de l'homme, ne découvre pas toûjours le fond des pensées & des mouvemens de fon
cœur. Cette découverte eft réfervée au Jugement
de Dieu, à cet œil toûjours veillant, qui par fa lu-
miere pénetre ce qu'il y a de plus fecret & de plus
caché dans les replis de l'ame ; car l'homme, dit
l'Ecriture, ne voit que ce qui paroît au dehors ;
mais le Seigneur regarde le fond du cœur, ce fond
du cœur eft une abîme impénetrable. Qui le pour-
ra connoître, c'eft moi, dit Dieu dans Jeremie,
Qui fuis le Seigneur qui fonde les reins & les
cœurs, & qui rend à un chacun felon fa voïe & felon le fruit de fes pensées & de fes œuvres : Cela
étant, je ne ferai pas fi témeraire que d'entrepren-
dre de faire ici, aïant à vous parler de la mort de
M. C. le difcernement des difpofitions & des af-
fections de fon cœur ; de répondre des operations
de la grace à fon égard, d'aflurer qu'en fix heures
de tems, elle l'a fait paffer par tous les degrez ne-
ceffaires à une veritable converfion, & de parler
par confequent de fon falut, comme d'une chofe
indubitable ; l'amour propre qui s'accommode de
ces affurances de falut, fait que nous les donnons
facilement aux autres, comme nous les prenons
facilement pour nous-mêmes ; mais les pensées de
Dieu ne font pas nos pensées, & ces voïes ne font
pas nos voïes, & autant que les Cieux font élevez
au deffus de la terre, autant les pensées & les voïes
de Dieu font élevées au deffus de nos pensées & de
nos voïes ; ainfi le meilleur parti que nous puif-
fions prendre ici, & pour cette criminelle & pour

nous, c'est de ne point nous élever par la présom-
ption & par l'orgüeil, mais de nous tenir toûjours
dans l'humilté & dans la crainte ; *Noli altum sapere , sed time* , Elle a regardé la mort que
ses crimes lui avoient meritées , avec une fermeté
que l'on nomme heroïque , avec un air doux &
paisible & toute l'aparence d'une grande intrepidité ; à Dieu ne plaise que je veüille apeller cela
orgüeil, insolence, ostentation : comme il ne faut
pas donner au mal le nom de bien , j'apréhende-
rois aussi de donner au bien le nom de mal ; &
comme je n'ai pas voulu honorer ses vices , & les
dereglemens de sa vie du nom de vertus , j'apre-
henderois de déshonorer ce qu'elle fait paroître de
vertus à la mort, en leur donnant le nom de vices:
Elle a marqué se reconnoître , elle a témoigné du
regret de sa vie passée , elle a donné des signes de
penitence, je n'ai garde d'apeler cela une penitence de nature , qui vient uniquement de la crainte
& du sentiment de la peine , & qui lui fait aprehender de passer d'un suplice qui va finir sa vie , à
à des suplices qui ne finissent point ; mais je ne
sçaurois, & ne dois pas fonder là-dessus, des assu-
rances de son salut. Cette fermeté est équivoque,
cette penitence est douteuse, & par consequent ce
salut est bien incertain : Je ne dirai point ici qu'on
pourroit douter si cette fermeté avec laquelle elle
a envisagé la mort, n'a point été causée & soûte-
nuë par l'esperance qu'elle a eüe d'obtenir la vie
de la grace du Prince, & si faisant paroître cette
esperance au dehors , même aprés l'aveu de ces
crimes, elle ne l'a point conservée dans son cœur,
jusqu'au moment de son suplice ; j'ai des doutes

bien plus raisonnables à former sur cette fermeté; je doute si la fermeté est bien convenable à une criminelle qui va mourir chargée de tant de pechez devant Dieu & devant les hommes, je doute si elle est bien chrêtienne.

Dieu qui veut qu'on l'écoute quand il parle, veut aussi qu'on le sente quand il frappe; alors c'est lui qui est le vengeur des crimes: le magis-trat, le Prince même, dit S. Paul, n'est que le ministre de Dieu pour executer sa vengeance en punissant celui qui fait mal : Or il faut ceder à Dieu quand il est armé contre nous, il faut s'hu-milier, il faut s'abattre devant lui; frappé de ses mains, prête à paroître devant ses yeux; peut-être pour passer des supplices du temps aux sup-plices de l'éternité, l'intrepidité n'est gueres de saison. Quand on sentiroit alors de la fermeté & du courage dans le cœur, & que la grace jointe à la nature y produiroit cette force chrêtienne qui fait envisager la mort d'un air doux & paisible. Si l'humiliation faisant partie du Jugement divin, comme parlent les Saints Péres, il vaudroit mieux de peur d'en perdre le fruit, cacher cette force au dedans de son cœur, apprehender d'être surpris dans ces derniers momens par quelques mouve-mens de vaine gloire, & craindre enfin que celui que la vûë de la mort n'abat point, ne se trouve abatu par l'orgueil. La fermeté dans les suplices ne convient bien qu'aux innocens ou aux martirs, ce ne sont alors que les mains des hommes qui les frappent, & en même temps celles de Dieu les cou-ronnent de gloire; alors il leur sied bien de faire paroître leur force contre les hommes, & de mé-priser leurs tourmens.

C'étoit cette femme veritablement heroïque, veritablement digne de l'admiration des siécles à venir, cette illustre Martire dont parle S. Basile qui avoit bonne grace au milieu des tourmens qu'on lui faisoit souffrir pour Jesus-Christ, de faire paroître non-seulement de la fermeté ; mais d'y exhorter aussi les autres femmes chrêtiennes qui devoient souffrir aprés elle, leur disant en mourant que ce n'étoit pas la chair de l'homme qui avoit été prise pour former la femme, mais les os de l'homme ; ainsi qu'étant os des os de l'homme, elles devoient renoncer à ce que l'homme a de foiblesse, faire paroître tout ce qu'il a de force, & marquer par leur fermeté dans les tourmens, la force & la fermeté de leur foi ; mais il n'en est pas de même d'une femme criminelle, & qui souffre la mort pour ces crimes, elle a trop à craindre pour qu'il lui soit bien seant de paroître intrepide, & dans ces tristes momens, elle doit uniquement penser à gagner & fléchir le souverain Juge qui ne se gagne & ne se fléchit que par l'humilité du cœur, elle doit s'apliquer à bien user de son suplice ; or bien user de son suplice, selon S. Augustin, c'est de s'en servir pour abbattre son orgueil. Que si la fermeté que cette criminelle a fait paroître à sa mort est équivoque, sa penitence de six heures pour une vie si déreglée ne doit-elle pas être douteuse ? Il est vrai qu'en quelque temps & à quelque heure que le pecheur fasse penitence de son peché & qu'il cherche le Seigneur, le Seigneur a promis de se laisser trouver au pecheur & de lui pardonner ; mais il faut que la penitence soit sincere, veritable, solide ;

il faut que le pecheur cherche Dieu de tout le cœur ; il faut, dit S. Gregoire le Grand, commencer par la crainte à entrer dans les voyes de la justice, y marcher par la douleur, s'y soûtenir par l'esperance, y arriver par l'amour ; il n'y a que cét amour qui soit capable de justifier le pecheur, & le pecheur n'est éloigné de son peché que lors que la consideration de l'amour qu'il a pour Dieu est ce qui l'empêche de le plus commettre : car lors qu'il ne fait le bien, ou ne cesse de faire le mal que par le mouvement de la crainte, il n'est pas encore veritablement éloigné du mal, puisqu'il peche en effet en ce qu'il voudroit bien pecher s'il le pouvoit impunément ; le peché alors, dit le même Pere, n'est abandonné qu'exterieurement, n'y ayant que l'amour qui puisse le détruire veritablement dans le cœur : cela se peut faire en six heures de temps, cela se peut faire en une, cela se peut faire encore en moins de temps quand il plaist à la grace toute puissante de Dieu ; mais la grace dans son cours ordinaire n'a pas de mouvemens si prompts ; quand elle les a ce sont des miracles de grace, sur lesquels nous n'avons nul droit de compter. Je veux croire que ce miracle se soit fait en faveur de la criminelle dont je parle, je le desire, mais je ne puis ni ne dois l'assûrer ; si je lis des choses consolantes dans l'Ecriture là dessus, j'en lis une infinité d'autres qui m'effrayent. J'y vois quantité d'exemples de faux penitens, qui malgré tous les signes de penitence qu'ils ont données, larmes, regrets, prieres, promesses, dons & sacrifices, n'ont point obtenu misericorde

du

du Seigneur, & en ont été rejettées : si je consulte le sentiment des Saints, Ils me disent mille choses effrayantes sur les penitences faites à la mort, qui me les font regarder toutes comme suspectes, équivoques, douteuses ; ceux qui parlent de la penitence des criminels lorsqu'ils passent par les derniers suplices, m'é-frayent encore davantage. Nous intercedons pour les criminels, disoit autrefois, S. Augustin, écrivant à Macedonius qui commandoit dans l'Afrique, & nous autres Evêques avons accoûtumé de nous employer, pour obtenir leur grace. En cela nous sommes bien éloignez d'aprouver le crime, nous le détestons, mais nous avons pitié du criminel ; & plus nous avons d'horreur du mal, plus nous craignons que celui qui l'a commis ne meurre sans avoir eu le temps de s'amender ; c'est une penitence dit S. Gregoire, qui porte en quelque façon le caractere de celle des réprouvez, que de reconnoître l'iniquité de ses actions, que lors que l'on en est puny. Après cela, qui est le pecheur qui ne tremblera, & pour le criminel & pour soy ? qui ne craindra pas celui qui a dit ? *La vengeance m'est reservée, je la sçauray bien faire en son temps.* Et ailleurs : *Le Seigneur jugera son peuple... C'est une chose horrible de tomber entre les mains du Dieu vivant.* Et ailleurs encore : *Si Dieu doit commencer son Jugement par sa propre Maison ? qu'elle sera la fin de ceux qui n'obeissent point à l'Evangile ? & si le juste même se sauve avec tant de peine, que deviendront les impies & les pecheurs?* Les Justes representent souvent aux yeux de leurs ames les terribles Jugemens de Dieu, ils tremblent dans l'incertitude de la conduite secrette que Dieu tient sur eux. Nonobstant leur esperance d'aller à luy, ils ne laissent pas d'apprehender de n'y pouvoir arriver : & des pecheurs après une vie de

Hebr. ch. 10.

S. pierre. Ep. ch. 4.

volupté, de luxe, de molesse, après s'être plongez peut-
être dans tous les plus grands crimes, nouriront dans
leurs cœurs une confiance presomptueuse & criminelle.
Prenons prenons le parti de l'humilité & de la crainte,
Noli altum sapere, sed time. Soyons salutairement
effrayez par ces exemples tragiques des châtimens visi-
bles d'un Dieu vengeur des iniquitez. Apprehendons
ces Jugemens. & pour ce monde & pour l'autre, que
celui qui est debout tremble de peur qu'il ne tombe :
mais que celui qui est tombé apprehende de ne se point
relever de sa chute, & que dans cette crainte il se hâte
de faire une bonne & serieuse penitence.